ANNUAIRE TÉLÉTRAVAIL TRAVAILLE À DISTANCE POUR LES SÉCRETAIRES INDÉPENDANTS

35 SITES INTERNET INDISPENSABLES ET FIABLES

Tous droit réserver

ISBN : 978-2-37795-041-6

ALI DIAK

ISSACAR ÉDITION

LICENCE

MENTION LEGALE

Le but de ce livre est de fournir des informations et d'afficher des sites internet pour rechercher des tâches de travail à distance. Ce ne sont pas les aveux de l'auteur. Au moment de la rédaction de ce rapport, certaines mesures ont été prises pour maintenir les informations pertinentes et à jour. Il est probable d'avoir des sites internet en dysfonctionnement.

L'auteur et l'éditeur sont irresponsables de l'utilisation du contenu de ce livre, des malentendus ... Et des erreurs résultant de la lecture de ces informations. Pour toute information dans les domaines de votre activité, consultez des experts dans les domaines concernés.

DÉDICACE

Je dédicace cet annuaire aux secrétaires assistance virtuelle ou secrétaire assistante.

J'apprécie votre rigueur et organisation dans votre travail.

Votre esprit, votre sens relationnel.

Votre maîtrise des outils bureautique.

Cet annuaire sera d'une grande importance dans la progression de votre entreprise individuelle.

CONTACT

Email : issacar.edition@gmail.com

Site Internet : http://issacaredition.com/

PRÉFACE

À notre époque, la technologie s'améliore. De plus en plus de travaux sont effectués convenablement sans s'absenter de la maison. Il n'est pas surprenant que la plupart des gens s'y intéressent également, car le travail à domicile présente de nombreux avantages. Si vous êtes le type de personne qui fonctionne le mieux le soir ou la nuit, le télétravail vous conviendrez. Vous pouvez travailler de n'importe où.

Vous pouvez aussi merveilleusement travailler dans une chambre d'hôtel en Thaïlande, ou depuis votre café préféré, pas besoin de vous limiter à votre bureau à domicile.

En revanche, l'inconvénient est que d'innombrables personnes ne sont pas informées, comment saisir les prestations en télétravail.

Grâce à ce bouquin sous forme d'annuaire, vous connaîtriez sous peu qu'est-ce que le télétravail ou travail à distance.

 Les avantages et inconvénients, l'environnement, quelques conseils... Etc.

Cet ouvrage est dédicacé en réalité à tout travailleur indépendant

Voulant effectuer des missions en télétravail.

SOMMAIRE

I. DÉFINITION DE TRAVAILLE À DISTANCE

Le télétravail ou travail à distance est le terme utilisé pour décrire une manière moderne de travailler que de nombreuses entreprises et organisations adoptent de nos jours.

Grâce à la technologie, vous n'éprouvez plus le besoin de travailler au bureau de votre employeur ou client. Cela veut dire que vous pouvez travailler à des heures différentes, à partir de différents endroits, y compris votre domicile.

Cela peut radicalement améliorer la qualité de votre vie et de plus, procurer des avantages significatifs aux performances de l'entreprise.

II. QUELS SONT LES AVANTAGES ET LES INCONVÉNIENTS DU TRAVAIL À DISTANCE ?

Les principaux avantages et inconvénients du télétravail.

Les avantages :

- Augmentation de la condition physique.

- Santé optimisée.

- Un meilleur style de vie.

- État physique sain.

- Une élévation mentale.

- Une meilleure nutrition.

- Une augmentation de la productivité.

- Un temps gagné.

- La facilité de la liberté.

- La liberté personnelle.

- La diminution des déplacements.

- Augmentation de la motivation.

- Plus d'influence sur les efforts professionnels.

- Plus d'heures de sommeil.

- Plus économique.

- Un dévouement accru au travail.

- Sans équipement pour le lieu de travail.

- Vous pouvez vivre où vous voulez.

- Vous accomplissez vos devoirs en tout lieu.

- Complètement autonome.

- Réduction des déplacements.

- Liberté de prendre des décisions.

- Revenu constant et stable.

- Autonomie.

- Indépendance financière.

- Vous choisissez avec qui vous souhaitez vous associer.

- Vous déterminez l'emplacement du lieu de travail.

- Vous déterminez comment atteindre vos objectifs.

- Vous disposerez d'une totale autonomie.

- Augmentation du temps passé en famille.

- Plus de voyages.

- Coûts de transport réduits.

- Gain monétaire.

- Atteindre vos objectifs.

- Voyagez à travers la planète.

- Une atmosphère plus agréable.

- Autoriser des pauses plus longues.

- Finis les distractions au bureau.

- Réduction du stress.

- Se concentrer davantage sur la tâche.

Les inconvénients :

- Gestion du stress plus difficile.

- Le danger croissant de la solitude.

- L'ignorance de soi.

- Gestion des problèmes de soi.

- Exclusion sociale.

- Difficulté à reconnaître le côté professionnel des choses du côté personnel.

- Une volonté de fonctionner en dehors des heures habituelles de bureau.

- La perte de la culture d'entreprise.

- Relation distante avec les associés.

- Perte de communication avec les amis.

- Problèmes de sécurité de l'information à la maison.

- Équipe adverse.

- Une communication efficace avec les collègues fait défaut.

- Problèmes techniques.

- Un lourd fardeau.

- Tous les frais doivent être payés.

- Utilisation fréquente de l'ordinateur.

- Travail encombré.

- Mauvaise gestion de votre temps.

- Réduction des contacts physiques.

- Interaction moins directe.

- Réduction des interactions avec la langue parlée.

III. QUEL EST L'ENVIRONNEMENT POUR TRAVAILLER À DISTANCE

- Choisir un espace ou une pièce sur lesquels il est agréable de se concentrer.

- Désencombrez une zone spécifique.

- Si vous souhaitez vous déplacer fréquemment, achetez un sac de rangement.

- Il faudra connecter les ordinateurs à un parasurtenseur.

- Disposer d'un matériel et de logiciels de qualité supérieure.

- Disposer d'un logiciel antivirus récent et efficace.

- Évaluez régulièrement les résultats.

- Installez un pare-feu pour garantir la sécurité des informations informatiques critiques.

- Établissez une armoire et un bureau fiable.

- Ajoutez une bougie ou une image que vous souhaitez voir à proximité de votre travail.

- Fournissez à votre bureau l'éclairage approprié pour rester énergique toute la journée.

- Investissez dans une décoration et des sièges agréables pour faire de votre bureau un espace que vous appréciez.

- Incluez de belles fleurs et embellissez vos murs avec elles.

- Il est essentiel de disposer d'un disque dur, sauvegardé chaque semaine en cas de problème.

- Disposez une chaise adaptée à votre dos et à votre cou.

- Il est essentiel que vos pieds soient posés au sol ou soutenus par un repose-pied.

- Assurez-vous que votre zone de travail est suffisamment ventilée.

- Exposez sur votre bureau des objets décoratifs que vous appréciez.

- Veuillez-vous assurer que vous disposez d'une connexion Internet rapide et fiable afin de pouvoir discuter par vidéo.

- Sélectionnez un grand espace dans lequel intégrer tout votre équipement.

- Créez un système d'organisation qui facilite la classification des documents essentiels.

- Il est essentiel que votre bureau soit positionné à la bonne hauteur pour profiter d'une journée de travail productif.

- Il est essentiel que votre colonne vertébrale soit soutenue par un dossier.

- Gardez votre ordinateur et vos logiciels à jour, car cela vous sera très utile.

- Gardez vos instruments et fournitures à proximité.

- Il est important de placer les matériaux et équipements dans un environnement sec et protégé contre les dommages ou les abus.

- Il est essentiel d'éteindre l'appareil lorsqu'il n'est pas utilisé.

- Avoir la bonne température et l'éclairage.

- La lumière doit être suffisante pour pouvoir percevoir.

- Le bureau doit être isolé pour profiter d'une vraie solitude.

- Ayez des lampes artificielles qui fournissent un éclairage suffisant.

- Assurez-vous que votre zone de travail est suffisamment ventilée.

- Assurez-vous que votre bureau de travail est entièrement éclairé.

- Choisissez un espace proche de la fenêtre afin d'avoir la lumière naturelle.

- Exposez votre bureau afin de créer une ambiance qui vous inspire.

IV. QUELQUES CONSEILS POUR TRAVAILLER À DISTANCE

CONSEIL SUR L'ORGANISATION

- Préparez votre espace de travail pour rester productif.

- Si vous avez des enfants, trouvez une pièce calme où travailler en toute sécurité.

- Profitez des moments d'école de vos enfants pour travailler.

- Lorsque vos enfants sont jeunes, vous pouvez œuvrer pendant la sieste.

- Créez un horaire clair pour le moment où vous prévoyez de travailler.

- Maintenez un excellent équilibre entre votre emploi du temps et votre période personnelle.

- Assurez-vous de travailler à des horaires précis, comme vous le feriez au sein de l'entreprise.

- Informez votre proche que vous ne parvenez pas à exécuter ses ordres.

- Choisissez un programme qui vous convient.

- Assurez-vous de respecter les horaires de travail.

- Soyez conscient des calendriers disponibles et chargés.

- Utilisez le courrier électronique efficacement.

- Permettez aux gens de discuter à l'aide d'une webcam.

- Établir une liste de buts à atteindre et sélectionnez les objectifs qui ont été gagnés en fin de journée.

- Il est plus efficace de planifier la veille les activités du lendemain, cela permettra de débuter de la première tâche du matin.

- Établir des objectifs à atteindre.

- Commencez à la même heure chaque jour.

- Passez en revue votre liste de tâches le premier jour de la semaine et planifiez vos actions.

- Créez un plan et respectez-le.

- Planifiez vos activités comme vous le feriez sur le lieu de travail.

CONSEILS SUR LE BIEN-ÊTRE

- Participez à une activité récréative.

- Travaillez dans des espaces qui collaborent avec des gens.

- Socialisez régulièrement avec des amis.

- Prenez le temps de discuter au téléphone lorsque vous êtes chez vous-même.

- Déplacez-vous souvent pour prendre un déjeuner de 30 minutes.

- Achetez un casque à commande mains libres.

- À l'extérieur de la maison, vous avez la tâche d'observer l'environnement avant de procéder à d'autres activités.

- Pour éviter la fatigue et la perte d'attention, il est fondamental d'avoir plusieurs moments de repos dans la journée.

- Un substitut de décoration peut avoir un effet positif sur votre productivité.

- Résidez avec d'autres personnes qui partagent des similitudes avec vous.

- Préparez votre nourriture à l'avance.

- Mettre l'alarme toutes les heures environ pour vous lever et vous étirer.

- Rendre difficile l'accès aux réseaux sociaux.

- Coupez le son de votre téléphone portable personnel.

- Lorsqu'il fait beau, téléphonez tout en vous promenant à l'extérieur.

- Écoutez de la musique qui favorise la productivité.

- Ayez des tenues chics.

- Promenez-vous dans votre bureau quelques minutes pour vous étirer au quotidien.

CONSEIL PRÉVENTIF

- Rassurez-vous de disposer d'un réseau Wi-Fi mobile compétent en cas de panne.

- Assurez-vous de disposer de deux ordinateurs, un pour votre travail et un pour votre usage personnel.

- Maintenez-vous de conserver un numéro de téléphone distinct.

- Cela facilite votre contrôle de la vie.

- Disposez du matériel ou des instruments appropriés avant de débuter le télétravail.

CONSEIL ÉCONOMIQUE

- Lorsque vous ne les utilisez pas, il est recommandé d'éteindre votre ordinateur et autres appareils électroniques.

- Privilégiez les luminaires LED, qui consomment moins d'énergie que les ampoules traditionnelles.

- En cas d'absence, éteignez la climatisation ou le chauffage.

- Choisissez des appareils électroménagers à consommation modérée d'énergie.

- N'imprimez sur papier que lorsque cela est absolument nécessaire.

- Éteindre l'éclairage dès que vous quittez la pièce.

CONSEIL COLLABORATIF

- Entretenez des liens avec vos confrères.

- Créez un calendrier avec une fréquence d'offres aux membres de votre équipe.

- Sélectionnez les heures d'ouverture du bureau et informez-en vos compagnons.

- Participer à des conversations fréquentes avec vos collègues vous aidera à maintenir un lien et le sentiment d'appartenir à l'entreprise.

- Organisez des discussions et interagissez avec votre équipe tout en travaillant sur des projets en groupe.

- Participez aux réseaux sociaux sur Internet.

- Participez à un groupe de soutien aux travailleurs à distance.

- Gardez la communication ouverte avec votre patron.

- Informez votre patron de vos réalisations et demandez-lui de l'aide si nécessaire.

CONSEILS POUR ATTIRER DES CLIENTS

- Être à la fois attractif et professionnel.

- Décrivez vos capacités.

- Commentez vos expériences et vos réussites.

- Publiez les illustrations de projets précédents afin de permettre aux internautes d'observer votre travail.

- Utilisez des mots pertinents dans votre titre, votre description et vos balises pour faciliter la recherche de votre profil par les clients.

- Répondre activement aux questions des abonnés.

- Répondez aux critiques.

- Utilisez les avis pour améliorer vos prestations.

- Maintenez les tendances dans votre métier afin de vous assurer que vos services sont toujours pertinents.

- Utilisez une image supérieure.

- Un nom fictif qui implique votre authenticité.

- Évoquez vos activités en détail, avec une description spécifique et concise qui décrit pourquoi vous y êtes supérieur.

- Soyez doux et souple.

- Fournir des services de premier ordre.

- Faites attention aux préférences de vos clients.

- Faites attention au délai de livraison.

- Soyez interactif.

- Assurez-vous de répondre aux clients potentiels dans les meilleurs délais.

- Offrez une sécurité de remboursement.

- Soyez reconnu par les clients potentiels.

- Rejoignez des groupes de discussion afin de vous annoncer sur ces plateformes d'emploi à distance.

- Proposez des réductions, des offres exclusives pour attirer des clients novices.

- Offrez des services supplémentaires qui augmenteront vos revenus.

- Soyez patient.

- Maintenez votre optimisme.

- Partagez des photos ou des vidéos de projets précédents que vous avez entrepris.

- Fournir des suggestions et des conseils dans votre domaine d'expertise.

- Établissez des tarifs compétitifs.

En tant que secrétaire, voici une liste des activités les plus prisées par les internautes que vous pouvez réaliser à distance ou en télétravail.

N'hésitez pas à intégrer cette liste dans la présentation de votre profil ou dans les prestations que vous offrez.

Cela vous permettra de générer plus de prospects pour votre profil.

NB : **Employez l'orthographe précise de ces termes répertoriés ci-dessous, car ce sont les mots-clés davantage populaires sur Internet.**

- assistant virtuel recrutement

- assistant virtuel amazon

- assistant virtuel airbnb

- assistant virtuel intelligence artificielle

- ia assistant virtuel

- assistant virtuel à domicile

- chatbot assistant virtuel

- assistant virtuel immobilier

- assistant virtuel pour les entreprises

- assistant virtuel polyvalent

- assistant virtuel site web

- secrétaire administratif

- secrétaire comptable

- secrétaire bureautique

- secrétaire assistant medico social

- secrétaire dentaire

- secrétaire commerciale

- secrétaire assistante

- secrétaire a domicile

- secrétaire compétence

- secrétaire de rédaction

- secrétaire vétérinaire

- secrétaire social

- secrétaire scolaire

- secrétaire automobile

- secrétaire exécutif

- secrétaire réceptionniste

- recherche secrétaire médicale

- secrétaire technique

- secrétaire laboratoire

- secrétaire industriel

- secrétaire pédagogique

- secrétaire pharmacie

- secrétaire à domicile pour particulier

- secrétaire facturation

- secrétaire de tribunal

- secrétaire urgences

- secrétaire universitaire

- secrétaire laboratoire d'analyse médicale

- secrétaire orthodontiste

- secrétaire ressource humaine

- secrétaire financière

- assistant virtuel pour les entreprises

- assistant virtuel pour particulier

- secrétaire de rédaction

- secrétaire de chancellerie

- secrétaire à domicile

- secrétaire du bâtiment

- secrétaire d'édition

- secrétaire à distance

- secrétaire dans le social

- secrétaire général pour l'investissement

- secrétaire pour infirmière libérale

- secrétaire médicale par correspondance

- secrétaire sur mesure

- secrétaire à la carte

- assistant virtuel

- assistant personnel virtuel

- assistant virtuel personnel

- assistant virtuel intelligence artificielle

- assistant de direction virtuel

- assistant virtuel site web

- assistant virtuel entreprise

- assistant virtuel immobilier

- assistant virtuel pour particulier

- secrétaire comptable

- secrétaire de direction

- secrétaire juridique

- secrétaire medico social

- télésecrétaire médical

- secrétaire commerciale

- télésecrétaire médicale

- secrétaire commercial

- secrétariat médical à distance

- secrétaire assistante

- assistante médico social

- secrétaire médicale à domicile

- assistant médico social

- secrétaire notariale

- secrétaire scolaire

- secrétaire réceptionniste

- secrétaire polyvalente

- réceptionniste secrétaire

- secrétaire bilingue

- secrétaire pharmaceutique

- secrétaire avocat

- secrétaire avocat

- télésecrétaire médicale à domicile

- secrétaire médicale en télétravail

- secrétaire vétérinaire

- secrétaire pharmacie

- secrétaire immobilier

- secrétaire rh

- secrétaire de notaire

- secrétaire direction

- secrétaire assistant de direction

- secrétaire agence immobilière

- assistante secrétaire médicale

- secrétaire dactylo

- secrétaire assistante médicale

- secrétaire trilingue

- secrétariat téléphonique médical à distance

- secrétaire assistant comptable

- secrétaire medico administrative

- secrétaire restauration

- secrétaire entreprise

- secrétaire trésorier

- secrétaire juridique indépendante

- secrétaire cabinet d'avocat

- secrétaire gynécologie

- secrétaire facturière

- secrétaire assistante de direction

- secrétaire banque

- secrétaire cabinet

- secrétaire judiciaire

- secrétaire pédagogique

- secrétaire administrative et comptable

- secrétaire cabinet dentaire

- secrétaire assistant juridique

- secrétaire carrosserie

VI. LES OUTILS POUR LE TRAVAIL À DISTANCE

Des outils pratiques vont faciliter vos travaux à distance.

Voici ci-dessous la liste de ces outils et les liens vers les

éditeurs.

1 - outils de gestion de projet

Trello

Trello est un système de gestion de projet gratuit, simple et

flexible, le projet est géré par un tableau des tâches créées.

Lien : https://www.trello.com/

Asana

Asana permet le travail d'équipe et la consultation de projet.

Pour l'organisation du travail.

Lien : https://www.asana.com/fr

2 – les outils d'accès à distance

TeamViewer

TeamViewer permet aux utilisateurs de contrôler un autre ordinateur via Internet. Il est facile à utiliser et gratuit pour un usage personnel.

Lien : https://www.teamviewer.com/fr/

Remote PC

PC Remote vous permet de copier des fichiers d'un ordinateur vers un autre ordinateur distant, nous pouvons arrêter et accéder à l'ordinateur.

Lien : https://www.remotepc.com/

3 - les outils de transfert de fichier

Google Drive

Google Drive est un service en ligne permettant aux utilisateurs de stocker, partager, éditer et visualiser différents types de fichiers.

Lien : https://www.google.com/intl/fr/drive/

Dropbox

Ce que Dropbox vous permet de faire, c'est de stocker facilement des fichiers en ligne. Mais vous pouvez également modifier le document n'importe où.

Dropbox vous permet de sauvegarder des fichiers importants. Si votre ordinateur est éteint ou éteint chez vous, vous pouvez sauvegarder vos documents.

Lien : https://www.dropbox.com/

4 – les outils d'appels vidéo et de partage d'écran

Zoom

Zoom est un programme utilisé pour la visioconférence uniquement via une tablette, un smartphone ou un ordinateur.

Lien : https://www.zoom.us/

Jitsi Meet

Jitsi est un outil en ligne sécurisée, qui utilise un navigateur pour activer la vidéoconférence. Cette solution facilite la conception d'une solution de visioconférence sécurisée.

Lien : https://meet.jit.si/

VII. COMMENT TROUVER DU TRAVAIL À DISTANCE

Pour solliciter du travail à distance, vous avez le choix de vous enregistrer sur quelques sites de travail à distants en tant que secrétaire.

Ces sites distribuent des milliers de services aux secrétaires indépendants à l'international. Les secrétaires indépendants tirent de réels avantages grâce à ces sites de télétravail.

Ces avantages sont :

- résolution de problèmes de payement, la protection des transactions, l'établissement de document contractuels.
- Le gain de temps afin de mieux travailler
- Chaque plateforme de télétravail à son processus approprié.
- Le motif est de relier les secrétaires indépendants à des entreprises.

Le montant fréquent de l'inscription sur ces plateformes de travail à distant

Il existe 2 montants fréquents et distincts :

Le montant à tarif gratuit : il permet de s'inscrire gratuitement sans débourser de frais. Habituellement, le montant est assumé par l'entreprise.

Le montant à tarif mensuel : cela permet de trouver des missions en payant XX euros par mois.

Les taux de rémunération des plateformes de travail à distant

Les taux de rémunération des plateformes varient de 0 % à 20 % du total versé par le client à la secrétaire.

Tout dépend de la stratégie de chaque plateforme.

Les genres de mise en contact qui demeurent sur les plateformes de télétravail

1 - les mises en contact des secrétaires avec les clients

Les secrétaires répondent aux requêtes des clients puis exécutent le travail demandé.

Les secrétaires ont d'éventuelles possibilités de poser des questions aux clients pour recevoir plus d'informations sur la demande.

Les clients consultent les prestations des secrétaires indépendants et effectuent une commande.

Les clients peuvent solliciter les secrétaires indépendantes pour plus d'informations.

En solution, j'ai sélectionné 35 sites web avec des listes d'emplois à distance à travers le monde. Certains sites utilisent le français, tandis que d'autres utilisent l'anglais. Ils sont illustrés par types, par méthode.

VIII.   LISTE DES SITES OFFRANT DU TRAVAIL À DISTANCE POUR LES SECRÉTAIRES

1. jobphoning

Entreprise spécialisée dans la téléprospection qui répond aux besoins des entreprises et des secrétaires indépendants, vous travaillez avec les clients de jobphoning. Vous êtes payé par Jobphoning.

https://www.jobphoning.com/

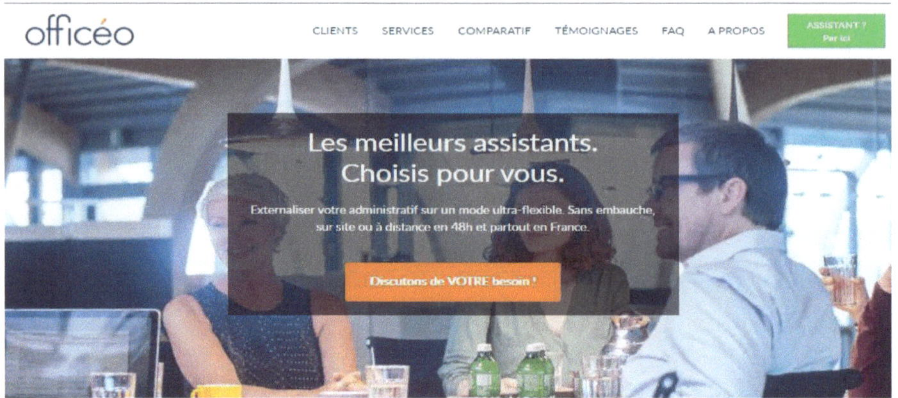

Officeopro est un service administratif aux entreprises.

Expert en prestations de services administratifs & externalisation de fonctions supports, après être inscrit vous travaillez en tant que secrétaire pour les clients de la plateforme et vous êtes payé par Officeopro.

https://www.officeopro.com/

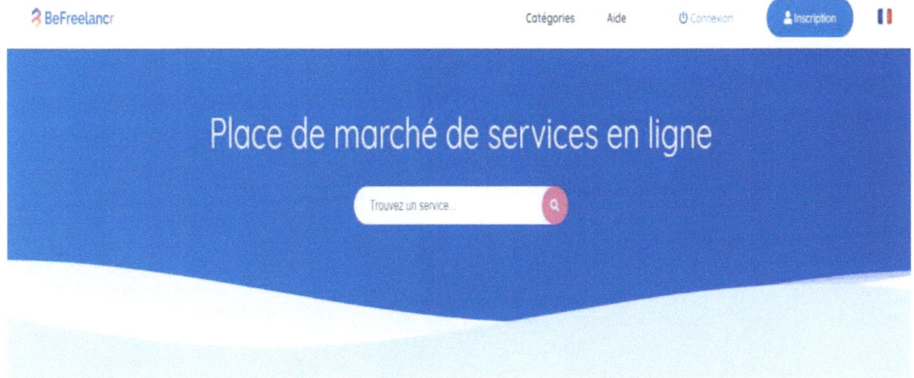

BeFreelancr est une plateforme sur laquelle les freelances francophones peuvent travailler. Vous pouvez promouvoir vos services gratuitement. BeFreelancr reçoit soixante pour cent de commission sur les services vendues.

Befreelancr accepte les paiements par virement ou PayPal et vous avez la possibilité de retirer.

Le montant disponible à tout moment.

https://www.befreelancr.com/fr

4. Toogit

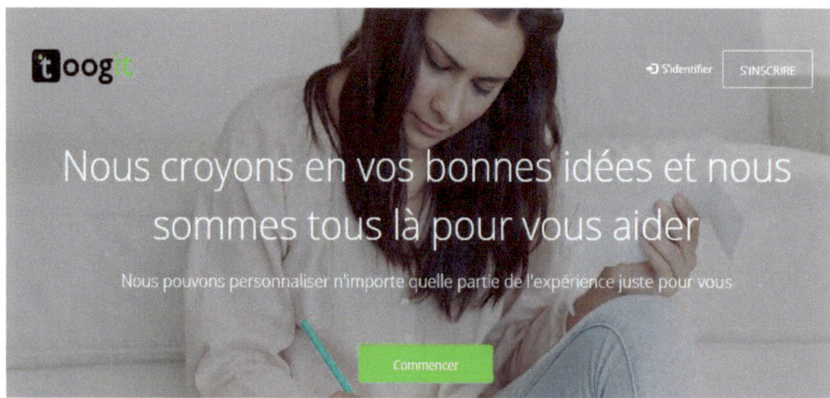

Toogit est un marché où les propriétaires de projets et les secrétaires travaillent ensemble.

https://www.toogit.com/

5. Lehibou

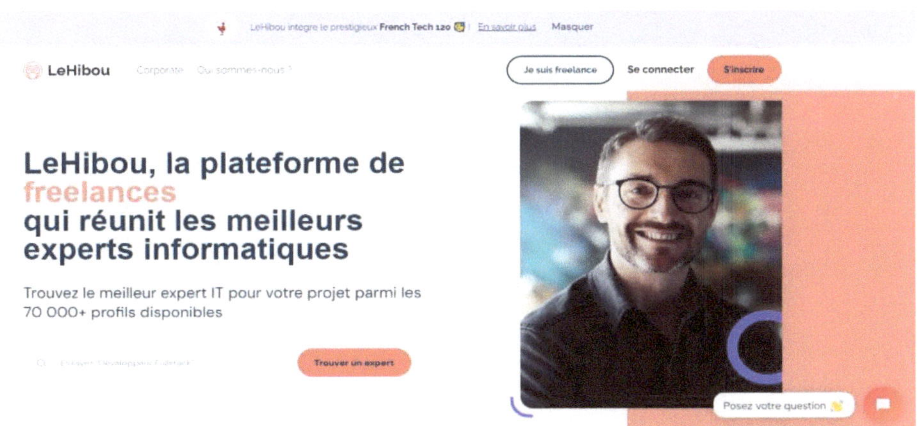

LeHibou est une plateforme destinée aux travailleurs freelances en France et dans les pays voisins avec l'intention de se développer à l'échelle mondiale. Les freelances peuvent s'inscrire sans frais.

Le Hibou gagne des clients en prenant une commission de 5 à 15 % supérieure au salaire journalier du freelance.

Le paiement se fait sous 30 jours à compter de l'exécution de la prestation au comptant.

Si le prestataire le précise dans le document par transfert bancaire

https://www.lehibou.com/

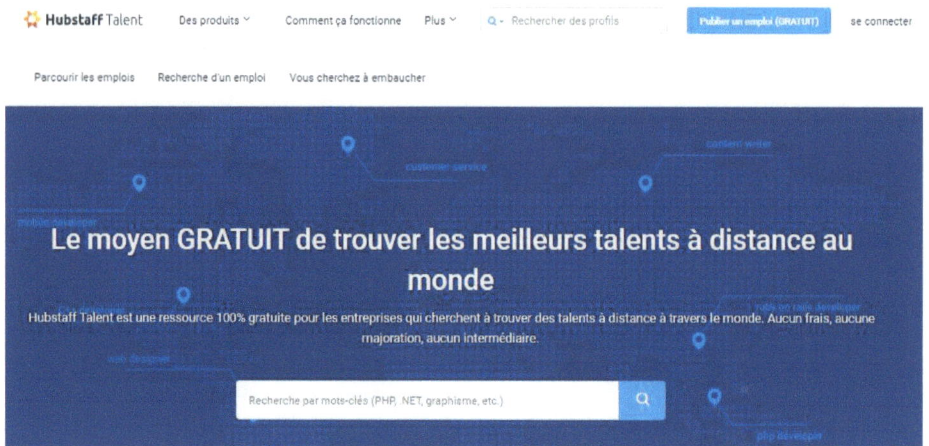

Talent hubstaff regroupe les secrétaires du monde entier. Vos clients vous viennent de partout le monde. Vous pourriez rapidement créer une équipe de secrétaires à distance sans aucuns frais ni majoration.

https://talent.hubstaff.com/

7. Cyberworkers

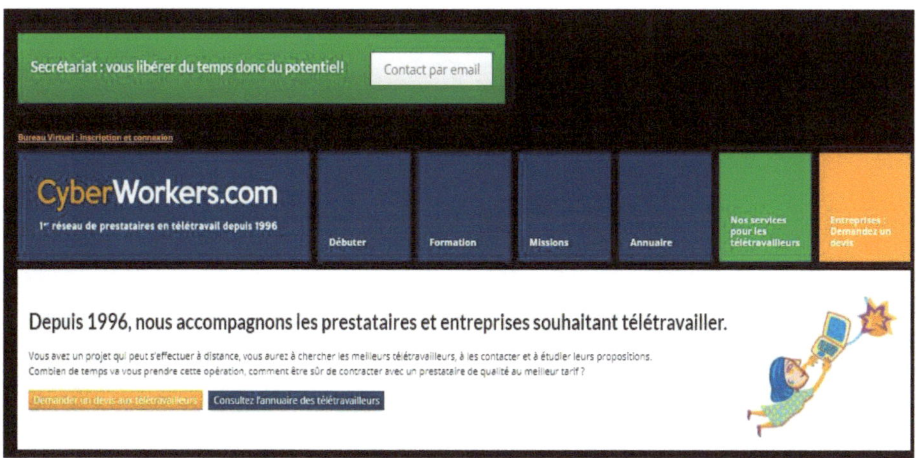

Depuis 1996, cyberworkers est un réseau de télétravailleurs mettant en relation les offres et les demandes de secrétaires.

https://www.cyberworkers.com/

8. Humaniance

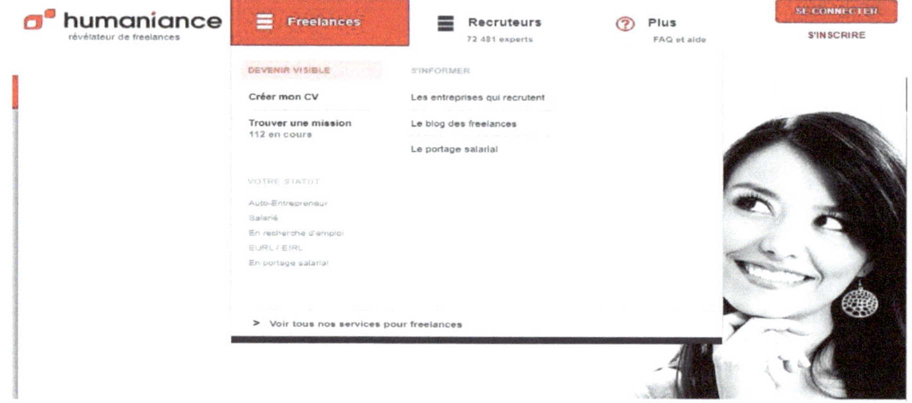

Humaniance propose des offres de missions pour les secrétaires. L'inscription est gratuite. Il aide à développer votre activité.

http://www.humaniance.com/

9. Les bons freelances

Les bons freelances permettent d'accroître votre visibilité et de trouver des clients. Vous répondez aux missions de secrétaires qui vous intéressent et vous obtenez immédiatement des demandes de nouveaux clients. L'inscription est gratuite et il n'y a aucune commission.

https://www.lesbonsfreelances.com/

10. Codeur

Codeur vous permet de trouver des missions pour les secrétaires en freelances. De nombreuses entreprises font appel aux secrétaires.

https://www.codeur.com/

404Works met en relation secrétaires et clients, l'inscription est gratuite et vous permet d'envoyer des propositions aux clients sur tous les projets en illimité.

https://www.404works.com/fr

Upwork actuellement dans 180 pays. Il propose des missions dans plusieurs endroits.

En termes de tarification, plus vous travaillez avec des clients, moins vous payez de commission.

https://www.upwork.com/

13. Malt

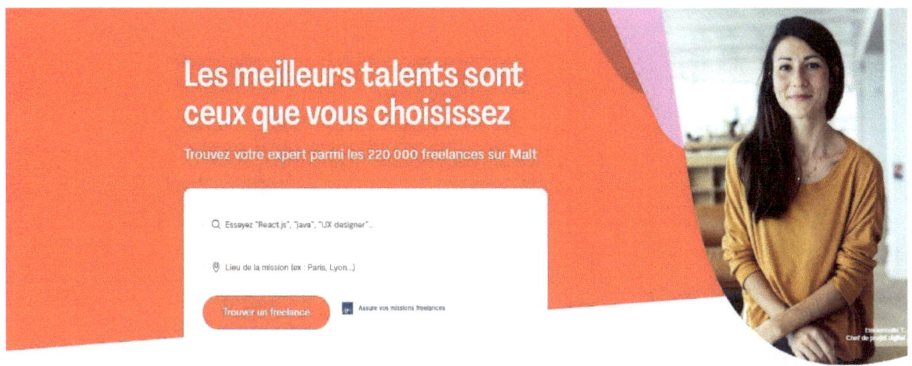

Malt est une plateforme indépendante, les clients pourront ainsi accéder à plusieurs profils et entamer des discussions avec des secrétaires. Les clients peuvent expliquer leurs besoins et préciser les détails de l'emploi dont ils ont besoin. Les clients pourront demander un devis et le modifier à tout moment.

https://www.malt.fr/

14. Freelance

Clients et freelances peuvent se connecter via la plateforme Française Freelance.com. L'inscription est gratuite.

Les entreprises vous contacteront et vous pourrez fournir un devis après validation de votre profil.

Les clients paient 12,5 % de commission sur freelance.com.

Vous recevrez votre paiement 24 heures suivant la fin de la tâche.

https://www.freelance.com/

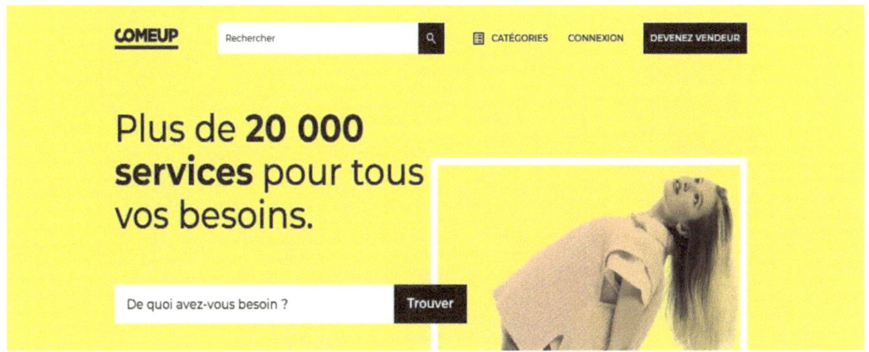

Comeup est site de freelance française.

Beaucoup de conseils et d'entraide même entre vendeurs du même domaine pour proposer vos services.

https://www.comeup.com/fr/

16. Twago

Twago met en relation les secrétaires avec des clients porteurs de projets. Le client compare plusieurs devis obtenus de secrétaires et sélectionne le devis qui le convient.

https://www.twago.fr/

17. Fiverr

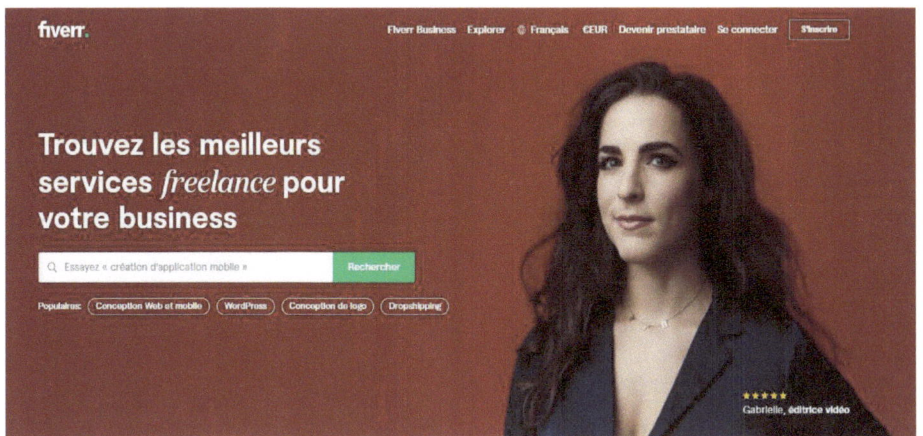

Fiverr est une plateforme qui met les secrétaires en relation avec des entreprises clientes.

L'inscription est gratuite. Les secrétaires enregistrés peuvent acquérir et céder des services sur Fiverr. Le paiement est remis aux secrétaires que lorsque le client est satisfait.

https://fr.fiverr.com/

18. Guru

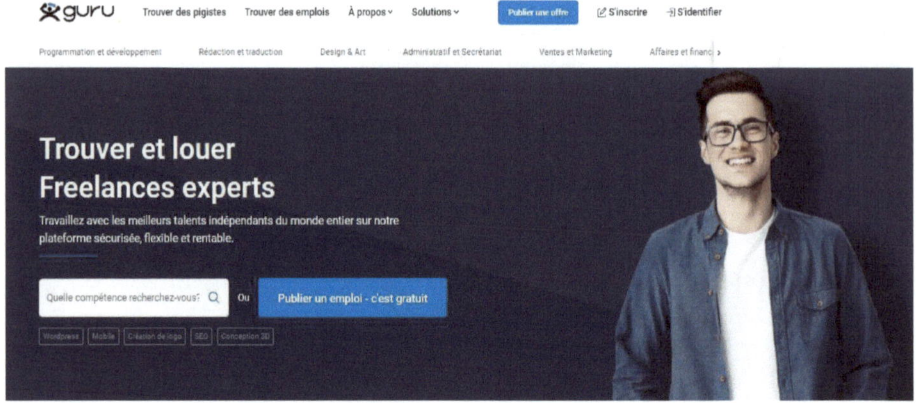

Guru met en relation les secrétaires avec des clients, le clients choisi le meilleur devis proposer par plusieurs secrétaires. Guru offre la protection de paiement.

https://www.guru.com/

19. Flexjobs

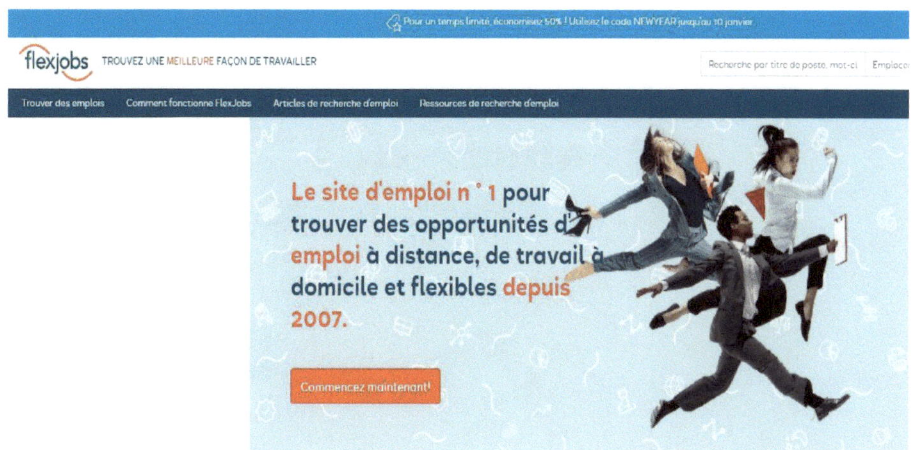

FlexJobs est spécialisé dans les emplois à distance indépendants dans le monde. Vous trouveriez des missions de secrétariat partout dans le monde.

https://www.flexjobs.com/

PeoplePerHour est une plate-forme indépendante qui possède une variété de micro-emplois pour secrétaires répertoriés sur leur site.

https://www.peopleperhour.com/

21. Truelancer

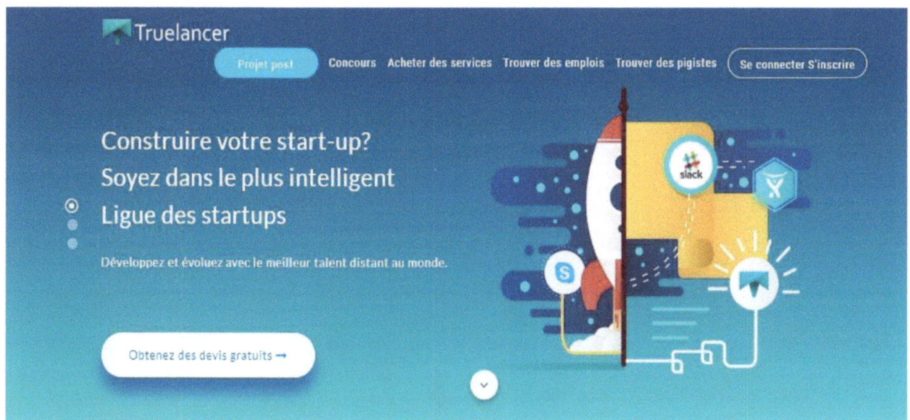

Truelancer est une plateforme permettant aux secrétaires et aux clients de collaborer et de travailler ensemble. Leur vision est d'établir des relations de confiance à travers le monde.

https://www.truelancer.com/

22. Remote

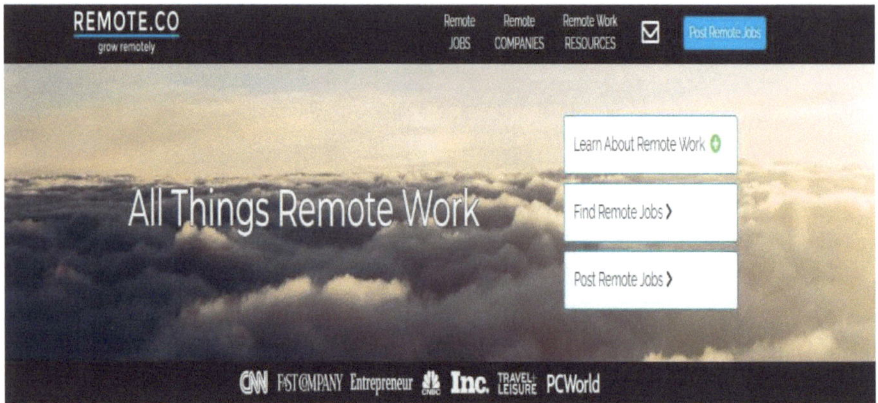

Remote.co est une plateforme de travail à distance pour les professionnels de divers domaines. Il met en relation les travailleurs à distance avec des entreprises du monde entier.

L'inscription est gratuite pour les indépendants.

La plateforme à une renommée côté client au niveau international

https://www.remote.co/

23. Seoclerks

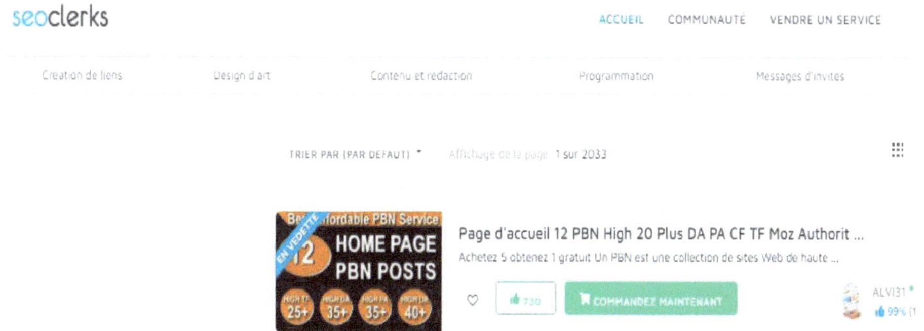

Seoclerks est site qui propose les services aux entreprises et aux secrétaires.

https://www.seoclerks.com/

24. WordClerks

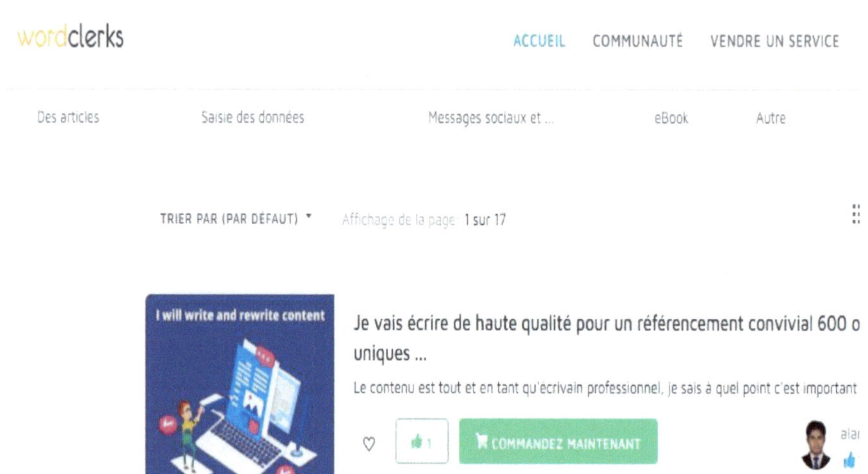

WordClerks est un marché indépendant pour les secrétaires.

Basé aux USA en Caroline du Nord, crées en 2016.

https://www.wordclerks.com/

25. Zeerk

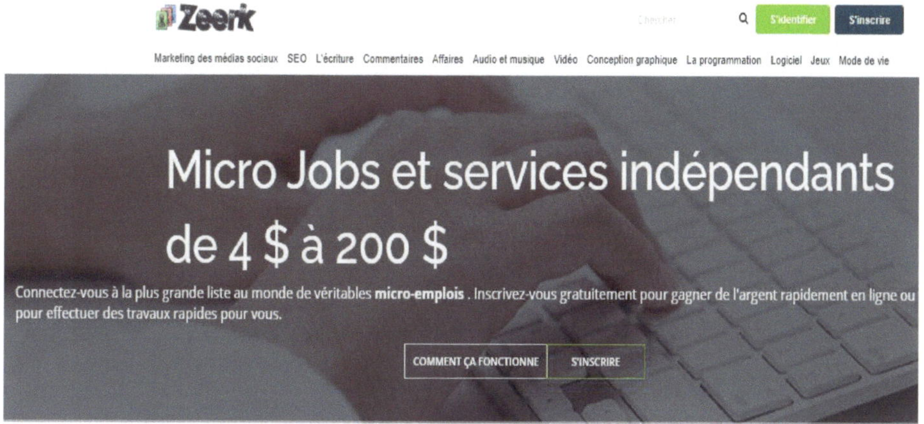

Zeerk est un site de télétravail. Il est destiné aux secrétaires et clients du monde entier. Ils favorisent la mise en relation entre secrétaires et entreprises. Les méthodes de paiement sont PayPal. La commission de leur prestation est de 10 %. Ils facturent une commission de 10 % sur vos prestations sans attente et vous êtes payé le jour de votre prestation.

https://www.zeerk.com/

26. Freelancer

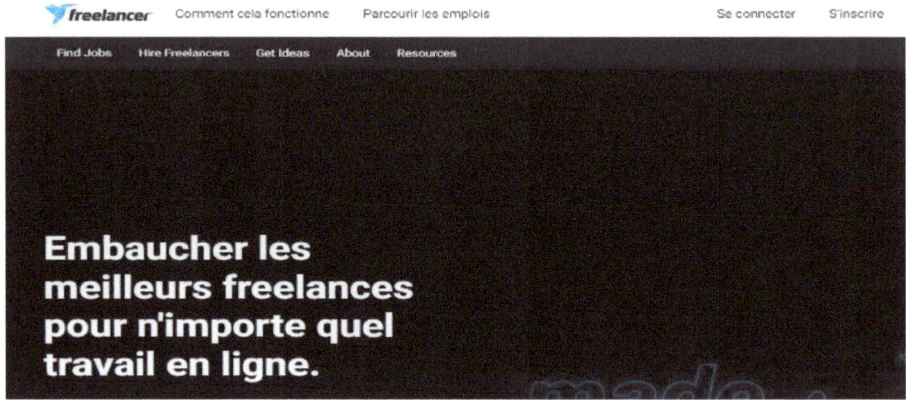

Freelancer est un site de télétravail basé en Australie, destiné aux secrétaires et clients du monde. Il est traduit en toutes les langues du monde. La commission prise sur vos factures est de 10 à 15 %. Vous êtes payé par PayPal, skrill, carte bancaire, virement bancaire.

https://www.fr.freelancer.com/

27. Fourerr

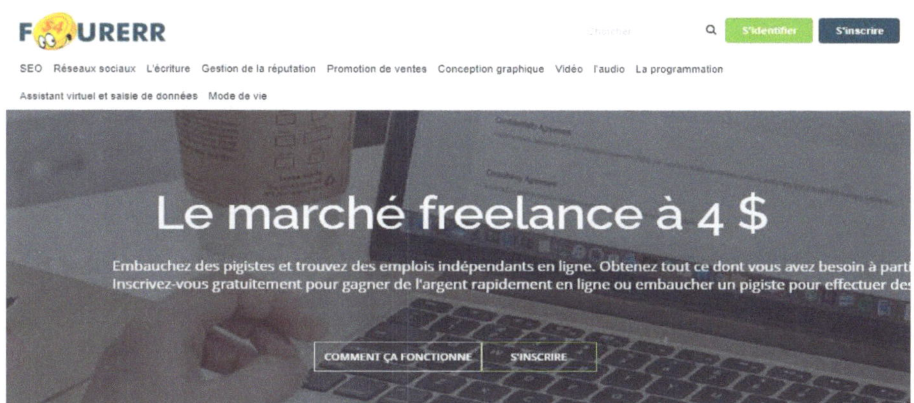

Fourerr est un site anglais basé au royaume uni destiné aux secrétaires indépendants du monde entier. La commission prise est de 20 % de la commande du client. Vous êtes payé par Payoneer, Paypal après satisfaction du client.

https://www.fourerr.com/

Khdemti est un site français de télétravail mettant en contact secrétaires et entreprises du monde entier. Khdemti retient aucuns frais de commission sur chacun de vos projets terminés.

En revanche, ils servent d'arbitrage en cas de problème. Le site est disponible en anglais également.

https://www.khdemti.com/

Pacayo est un site de travail à distance de mise en relation de secrétaires mondiaux, d'avec des clients internationaux. Le paiement se fait par PayPal et payonner. La commission prise sur chaque facture de vos clients est de 20 %.

https://www.pacayo.com/

Workingnomads est une plateforme mondiale dédiée aux opportunités de travail à distance. L'inscription est gratuite pour les indépendants. Connectez-vous directement avec les futurs clients. WorkingNomads facturent des frais aux entreprises qui mettent les offres de missions.

https://www.workingnomads.com/

31. Virtualvocations

Virtualvocations est un site web américain spécialisé dans le travail à distance. Vous résoudrez des tâches de secrétariat partout dans le monde. Le site est ouvert aux secrétaires du monde entier. L'inscription est gratuite, vous pouvez ainsi profiter de réductions de mission limitées. Après vous être abonné, vous auriez de nombreuses autres tâches. 15,99 $ pour 1 mois. 39,99 $ pour 3 mois. 59,99 $ pour 6 mois. Vous communiquez directement avec les clients. Si vous êtes insatisfait du contact reçu, vous obtiendrez une garantie satisfaisante ou un remboursement. Vous pouvez payer les frais d'abonnement par carte ou PayPal.

https://www.virtualvocations.com/

Dice sont le meilleur endroit pour vos prestations de secrétariats. Vous pouvez vous mettre devant les opportunités.

https://www.dice.com/

33.Airjob

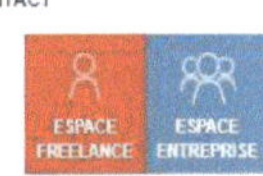

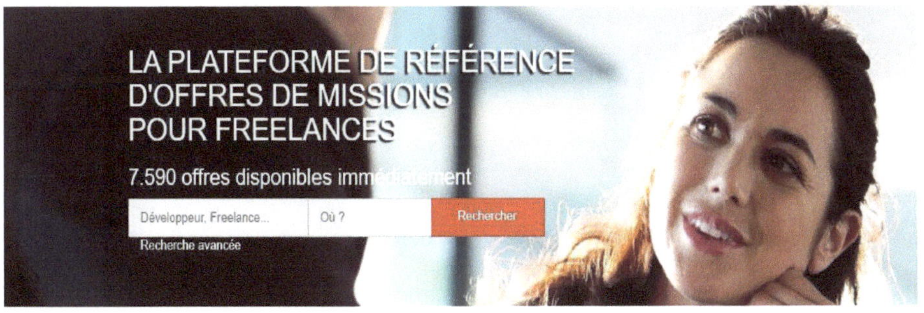

Vous pouvez sans même avoir créé de compte navigué à travers le site et rechercher les différentes missions qui pourraient vous plaire.

Une fois vos missions ciblées, il vous suffit simplement de vous inscrire pour pouvoir postuler. Vous aurez à renseigner de simples informations. Vous pourriez être en contact avec les entreprises qui vous intéressent.

https://www.airjob.fr/

34. Stackoverflow

Avec Stack Overflow, vous pouvez postuler en tant que
secrétaire. Le pays d'origine est USA (New York)

https://www.stackoverflow.com/

35. Golance

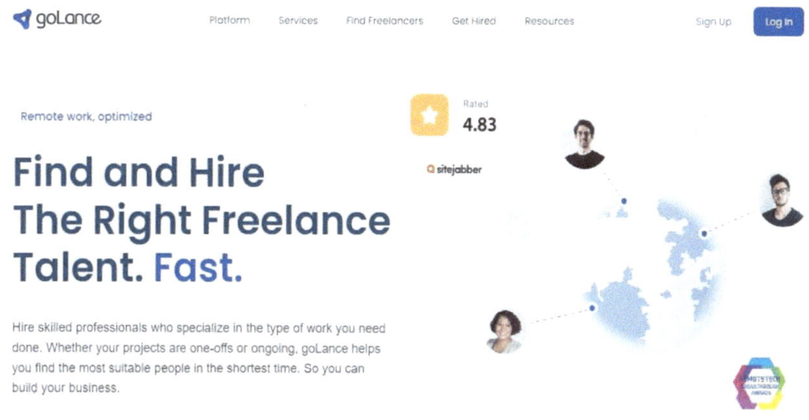

Pour les développeurs indépendants, Golance est entièrement gratuit.

Il est possible de postuler pour un nombre illimité de missions.

Le pourcentage de la commission qui vous sera pris sur vos ventes sera de 7,95 %.

Une fois tous vos services terminés, vous devez attendre cinq jours pour recevoir votre paiement par carte de débit virtuelle, carte de crédit, virement bancaire ou crypto-monnaie

https://www.golance.com/

CONCLUSION

Le télétravail développera votre productivité. Ainsi, vous économiserez sur le coût des locaux.

Et les coûts actuels. Cela vous permettra de développer des clients mondiaux. Seule une bonne organisation peut vous faire réussir.

Tous ces sites Web, invoqués, dans cet ouvrage et toutes les explications détaillées, vous permettront de vous concentrer sur votre chiffre d'affaires.

A Propos de l'auteur

Mon nom est Ali Diak et je suis spécialisé en tant que webmaster, développeur web, design web, gestionnaire de serveur web passionné par Prestashop et Wordpress.

Depuis plus de 12 ans, je travaille en tant que travailleur indépendant et je suis disponible pour aider les sociétés et les particuliers dans toutes les activités en ligne.

Mon rôle consiste à soutenir tous les indépendants du monde dans le domaine web en recherchant des solutions appropriées à leurs problèmes professionnels.

Cet ouvrage sera utilisé comme un guide pour aider les indépendants à se dédier à leurs métiers sans consacrer du temps à la recherche d'informations sur Internet.

Demande Avis

Avez-vous aimé ce livre ? Dites-nous ce que vous en avez pensé !

Votre commentaire nous aidera à améliorer nos futurs livres.

Email : issacar.edition@gmail.com

Votre avis est précieux pour nous

Biographie Auteur

Ali Diak possède un certificat professionnel dans le domaine de l'informatique. Ali Diak est passionnée par l'informatique et les mathématiques depuis ses 6 ans.

Elle a enseigné les mathématiques à tous les enfants, adolescents et adultes.

Depuis plus de 13 ans, elle accompagne les entreprises et les particuliers dans tous les aspects liés à l'internet.

Elle dirige une entreprise en ligne.

Grâce à ces différentes expériences professionnelles, il a été possible de repérer divers problèmes quotidiens dans le domaine du web.

Elle résout cette problématique à travers ces livres.

Passionnée d'écriture depuis un certain temps, elle a également publié son premier livre intitulé Qu'est-ce qu'un blog en 2018.

Depuis, elle profite des opportunités pour publier des livres pour accompagner les lecteurs et les internautes dans leur utilisation d'Internet.

Chaque site du livre est sécurisé, cela vous permet de naviguer sur internet sans avoir peur.

Ali Diak a effectué des essais et vérifié tous les sites mentionnés dans ces ouvrages sous forme d'annuaire ou de guide et veille régulièrement à ce que ces sites soient mis à jour.

Étant passionnée par l'édition de livres, elle est responsable du site "issacaredtion.com" qui regroupe tous ces ouvrages.

Aujourd'hui, de nombreux livres sont disponibles sur cette plateforme.

Bénéficiez de ces astuces et expériences pour progresser dans le domaine du web.

Ali Diak vous invite à vous abonner et à la suivre sur les diverses pages afin de la suivre.

<h1 style="text-align:center">Livres de l'auteur</h1>

Les autres publications suivantes de l'auteur Ali Diak ont également suscité l'intérêt d'un large lectorat.

Vous les trouverez sur la plateforme ou le site web où vous l'aviez précédemment acheté.

- Annuaire télétravail pour Ecrivains indépendants 41 sites indispensables

- Annuaire télétravail pour Traducteur indépendant 43 sites indispensables

- Annuaire télétravail pour Comptables indépendants 34 sites indispensables

- Annuaire télétravail pour Secrétaires indépendants 35 sites indispensables

- Annuaire télétravail pour Transcripteurs indépendant 39 sites indispensables

- Annuaire télétravail pour Informaticiens indépendants 45 sites indispensables

- Annuaire télétravail pour Développeurs WinDev Webdev indépendants 40 sites

- Annuaire télétravail pour Programmeurs développeurs indépendants 44 sites indispensables

- Annuaire télétravail pour Graphistes Infographe indépendants 49 sites indispensables

- Annuaire télétravail pour Testeurs en informatique indépendants 41 sites indispensables

- Annuaire télétravail pour Photographe indépendants 37 sites indispensables

- Annuaire télétravail pour Musiciens indépendants 32 sites indispensables

- Annuaire télétravail pour Vidéastes indépendants 43 sites indispensables

- Qu'est-ce qu'un blog